LANGUAGE   PROGRAMMES   DEVELOPMENT   CENTRE

Hans Wolfgang Wolff

Geschäfts- und Verhandlungssprache Deutsch

Band 7

LANGUAGE PROGRAMMES DEVELOPMENT CENTRE

Hans Wolfgang Wolff

Geschäfts- und Verhandlungssprache Deutsch

Band 7:

Ein Fall für den Computer

MAX HUEBER VERLAG

ÜBERSICHT ÜBER „GESCHÄFTS- UND VERHANDLUNGSSPRACHE DEUTSCH"

Handbuch zum Audio-Kurs (Hueber-Nr. 9680)

Glossare zu Lerneinheit 1 bis 10 von I. Thier und H. W. Wolff:

Deutsch–Englisch   (Hueber-Nr. 2.9680)
Deutsch–Französisch   (Hueber-Nr. 3.9680)
Deutsch–Spanisch   (Hueber-Nr. 4.9680)

Verlagsredaktion: Hans-Werner Maier

ISBN 3–19–00.9687–2
1. Auflage 1975
© 1975 Max Hueber Verlag, München
Schreibsatz: Brigitte Schneider, München
Druck: G. J. Manz AG, Dillingen
Printed in Germany

Vorwort

Das vorliegende Programm gehört zu der Serie „GESCHÄFTS- UND VER-
HANDLUNGSSPRACHE DEUTSCH", die ihrerseits einen Bestandteil der
LPDC-Reihe „Sprachen in Wirtschaft und Technik" bildet. Die Serie wendet
sich besonders an Lernende mit guten Grundkenntnissen, die ihre Hörverste-
hens- und Sprechfähigkeit in praxisnahem Industrie- und Wirtschaftsdeutsch
vervollkommnen wollen.

Ausgangspunkt sämtlicher Programme sind Tonbandaufnahmen realistischer
Dialoge.

Die Serie „GESCHÄFTS- UND VERHANDLUNGSSPRACHE DEUTSCH"
führt zum aktiven Gebrauch des Deutschen im Geschäftsleben. Im Maße des
Fortschreitens in der Serie wird das Hörverständnis der Lernenden so weit geschult, daß sie Fachdiskussionen gut folgen und über deren wichtige Punkte
Auskunft geben können. Der Erreichung dieses Ziels dienen die zahlreichen, an
Geschäfts- und Wirtschaftsthemen orientierten Dialoge und die Audio-Testein-
heiten.

Mit dem gleichen Nachdruck wird die Sprechfähigkeit gefördert. Die Arbeit mit
diesem Kurs versetzt die Lernenden in die Lage, Fachgespräche zu führen und
sich in allen wichtigen Situationen einer Fachdiskussion zu behaupten. Dieses
Ziel wird erreicht durch ständiges und vielfach variiertes Üben im dialogischen
Sprechen und Anwenden stereotyper Satzmuster, wobei für die Übungen aus-
schließlich Wortschatz und Strukturen Verwendung finden, die in den Dialogen
vorgegeben sind.

Dialoge und Übungen der Serie sind sprachliche Aktion und Reaktion, die in
Frage und Antwort, Aussage und Stellungnahme, Behauptung und Widerspruch
zum Ausdruck kommen.

Zwar haben Hören und Sprechen klaren Vorrang, doch werden in jeder Lerneinheit auch die Fähigkeiten des Lesens und Schreibens gefördert.

„GESCHÄFTS- UND VERHANDLUNGSSPRACHE DEUTSCH" bietet den
Lernstoff in wohlabgewogenen, abwechslungsreichen Lernschritten, die sich etwa zu gleichen Teilen auf das Buch und das Tonband als Medien verteilen.

Der gesamte Audio-Kurs besteht aus zehn Lerneinheiten. Im Klassenunterricht
bietet er bei zwei Übungsstunden pro Woche (und täglich etwa 15 Minuten
„Training") Stoff für etwa ein Unterrichtsjahr. Der Kurs ist hervorragend geeig-
net für den Klassenunterricht im Sprachlabor und in Klassen, die über wenigstens

ein Tonbandgerät verfügen. Andererseits machen die präzisen Lernanweisungen, die ein- und zweisprachigen Glossare sowie das umfangreiche Tonbandmaterial diese Serie zu einem Unterrichtswerk, das auch lehrerunabhängig mit Hilfe eines Cassetten-Recorders durchgearbeitet werden kann. Der wirtschaftsorientierte Selbstlerner wird es begrüßen, daß dieses Sprachlehrwerk gleichzeitig zahlreiche Sachinformationen aus dem Wirtschafts- und Berufsleben enthält.

Die Entwicklung dieser Programme wäre ohne den Rat und die Hilfe zahlreicher in Industrie und Wirtschaft tätiger Fachleute nicht möglich gewesen.

Der Verfasser dankt insbesondere:
den Herren W. Abt, K. Arras, A. Eisenhardt, G. Frietzsche, Dr. O. Garkisch, G. Homburg, G. Juhnke, H. Koch, W. Kohaut, Dr. H. Linde, W. Mann, E. D. Menges, K. A. Raspe, P. R. Rutka, F. J. Schmid, H. Sobottka, H. Walther, R. Weinrich, E. Winecker, A. Wugk für ihre Mitarbeit bei der Aufnahme authentischer Dialoge und die Klärung von Sachfragen;
seiner Frau Rita Wolff für unermüdliche Mitarbeit.

Hans W. Wolff

Inhaltsverzeichnis

Der schwarze Punkt (●) bedeutet: hier muß der Lernende den Tonträger (Band, Cassette) einsetzen!

Einleitung

Grundlage und Ausgangspunkt des Programms „Ein Fall für den Computer" sind Situationsdialoge, in denen der Einkaufsleiter und ein EDV-Organisator der Firma Euro-Engineering zu Worte kommen.

Der sachliche Inhalt des Programms läßt sich in folgenden Stichworten kurz kennzeichnen:

Hunderte von Bestellungen für einen Großauftrag – Die Schreibkräfte sind ständig überlastet – Hilfe von der Abteilung Organisation und Datenverarbeitung – Standardtexte als erster Schritt zur Rationalisierung – Grundlagen für das EDV-Projekt – Die Abwicklung – Steigende Preise und lange Lieferzeiten – Reservierung von Fertigungskapazität wegen Lieferengpässen – Konventionalstrafen – Einkauf im In- und Ausland – Datensammlung für Kostenerfassung und Auftragskontrolle – Bestellung von Material und Leistungen – Organisatoren und Programmierer – Die Systemanalyse.

Die Ist-Aufnahme – Der Fragenkatalog – Durcheinander im Auftragsstadium – Es fehlt eine Einkaufsordnung – Technische Beschaffungsvorschriften – Die Auswahl der anbietenden Firmen – Die kaufmännischen Bedingungen – Vereinfachung ist nötig – Finanzierungsgeschäfte – Textformulierung – Mehr Koordination zwischen Technikern und Kaufleuten – Das Mengengerüst – Kontoristische Hilfsarbeiten – Fernschriftliche Bestellungen.

Der Entwurf für das neue EDV-System ist fertig – Dateien und Karteien – Abrufbare Informationen – Gespeicherte Zahlungsbedingungen – Das Bildschirmterminal – Die Bedienungskräfte – Eingaben – Ausdrucke – Schutz vor Datenmißbrauch – Identifizierung über einen Code – Schulung der Mitarbeiter – Keine Angst vor Computerausfällen – Multi-Programming – Auch die Personalabteilung und die Finanzbuchhaltung profitieren von dem EDV-Projekt – Die Kostenkontrollberichte – Terminlisten und Bestellstatistik.

Wegweiser durch das Programm

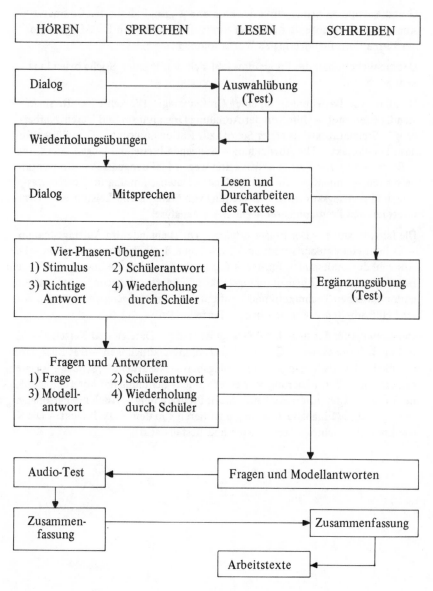

| HÖREN | SPRECHEN | LESEN | SCHREIBEN |

Dialog → Auswahlübung (Test)

Wiederholungsübungen

Dialog — Mitsprechen — Lesen und Durcharbeiten des Textes

Vier-Phasen-Übungen:
1) Stimulus   2) Schülerantwort
3) Richtige   4) Wiederholung
   Antwort   durch Schüler

Ergänzungsübung (Test)

Fragen und Antworten
1) Frage   2) Schülerantwort
3) Modell-   4) Wiederholung
   antwort   durch Schüler

Audio-Test ← Fragen und Modellantworten

Zusammen-fassung → Zusammenfassung

Arbeitstexte

1 A Dialog (Tonband)

HÖREN Sie sich den Dialog mehrmals an.
Mehrmaliges Anhören steigert den Lernerfolg.
Das Ende des Dialogs Teil 1 wird durch einen Gongschlag gekennzeichnet.
Machen Sie unmittelbar im Anschluß daran die Auswahlübung 1 B und die Wiederholungsübung 1 D.
Lesen Sie den Dialogtext jetzt noch nicht mit, sondern üben Sie Ihr Hörverständnis.

1 B Auswahlübung

LESEN Sie den folgenden Text. Kreuzen Sie diejenige Aussage an, die den im Dialog gegebenen Informationen entspricht. Den Schlüssel zu dieser Übung finden Sie unter 1 C.

1. Ein erster Schritt zur Rationalisierung wäre
   a) die Einrichtung eines zentralen Schreibbüros
   b) die Zusammenstellung sämtlicher Standardtexte
   c) die Reservierung von Fertigungskapazität

2. Die Hauptschwierigkeit bei der Abwicklung eines Großauftrags liegt darin, daß
   a) alle Bestellungen zuerst diktiert und dann geschrieben werden müssen
   b) routinemäßiges Arbeiten unmöglich ist
   c) innerhalb eines Vierteljahres alle Bestellungen erteilt sein müssen

3. Besonders der Bedarf an Rohren muß schnell gedeckt werden, sonst werden die Termine überschritten und die Firma
   a) ist ständig überlastet
   b) kann die Kosten nicht mehr kontrollieren
   c) muß Konventionalstrafen zahlen

4. Wie lange die Realisierung dieses EDV-Projekts dauert, kann Herr Sommer erst dann genau angeben, wenn
   a) die Systemanalyse abgeschlossen ist
   b) er einen Überblick über die Kostensituation hat
   c) er mehr Personal für die Ausführung des Projekts bekommt

1 C Schlüssel zur Auswahlübung

1. b)   2. c)   3. c)   4. a)

1 D Wiederholungsübung (Tonband)

HÖREN Sie Ihren Tonbandlehrern zu. SPRECHEN Sie in den Pausen nach.
Auf dem Tonband folgt diese Übung dem Dialog 1 A. Schauen Sie beim Nachsprechen nicht in Ihr Buch. Imitieren Sie Aussprache und Intonation der Spre-
cher(in). Wiederholen Sie diese Übung mehrmals.

1 E Wiederholungsübung

LESEN Sie diesen Text erst nach der Arbeit mit dem Tonband.

Die Beantwortung der Fragen – die Beantwortung der Fragen, die wir Ihnen stellen – die Beantwortung der vielen Fragen, die wir Ihnen stellen müssen – hoffentlich haben Sie Zeit für die Beantwortung der vielen Fragen, die wir Ihnen stellen müssen

Geschrieben – auf der Maschine geschrieben – von ihr auf der Maschine geschrieben – einer Dame diktiert und von ihr auf der Maschine geschrieben – jeder Text wird einer Dame diktiert und von ihr auf der Maschine geschrieben – jeder Text wird zuerst einer Dame diktiert und dann von ihr auf der Maschine geschrieben

Es kommt auf jeden Tag an – bei den heutigen Lieferzeiten kommt es auf jeden Tag an – bei den heutigen Preisen und den heutigen Lieferzeiten kommt es auf jeden Tag an

Wir bestellen im Inland – in den meisten Fällen bestellen wir im Inland – in den meisten Fällen bestellen wir im Inland, weil wir die Firmen kennen – in den meisten Fällen bestellen wir im Inland, weil wir die einzelnen Firmen gut kennen

Die Kostensituation – einen Überblick über die Kostensituation – wir müssen einen Überblick über die Kostensituation haben – wir müssen jederzeit einen genauen Überblick über die Kostensituation haben

Bestellungen – wieviele Bestellungen pro Tag – wieviele Bestellungen pro Tag geschrieben werden – wir müssen wissen, wieviele Bestellungen pro Tag geschrieben werden – wir müssen wissen, wieviele Bestellungen bei Ihnen pro Tag geschrieben werden

Rationalisierung – ein erster Schritt zur Rationalisierung – die Zusammenstellung wäre ein erster Schritt zur Rationalisierung – die Zusammenstellung aller Standardtexte wäre ein erster Schritt zur Rationalisierung

14

1 F Dialog (Tonband und Buch)

HÖREN Sie sich den Dialog 1 A nochmals an. LESEN Sie gleichzeitig den folgenden Dialogtext *stumm* mit. Arbeiten Sie anschließend den Text durch. Dabei hilft Ihnen das einsprachige Glossar im Anschluß an den Dialogtext, auf das die Zahlen vor den zu erklärenden Ausdrücken verweisen. HÖREN Sie sich schließlich den Dialog nochmals an und versuchen Sie, ihn gleichzeitig zu SPRECHEN.

Herr Sommer: Guten Morgen, Herr Radtke. Endlich komme ich dazu, (1) *mich um Ihr Problem zu kümmern!*

Herr Radtke: Guten Morgen, Herr Sommer. Ja, wir haben wieder einmal große Sorgen.

Herr Sommer: Jetzt haben Sie gerade einen (2) *Großauftrag* bekommen und sprechen von Sorgen?

Herr Radtke: (3) *Das ist es ja eben.* Für diesen Auftrag müssen wir wieder Hunderte von Bestellungen schreiben und an unsere Lieferanten schicken. Unsere (4) *Schreibkräfte* sind ständig (5) *überlastet.* Das ist unser Problem, und ich meine, hier müßte uns die Abteilung Organisation und (6) *Datenverarbeitung* helfen können.

Herr Sommer: Das stimmt schon, nur ist es so, Herr Radtke, wenn Sie bis zum Hals in Arbeit stecken, dann haben Sie sicher kaum Zeit für die Beantwortung der vielen Fragen, die wir Ihnen stellen müssen ...

Herr Radtke: Herr Sommer, dafür müssen und werden wir Zeit haben, es geht nicht anders.

Herr Sommer: Gut, dann ist meine erste Frage: wie sind Sie bisher vorgegangen?

Herr Radtke: Sehr einfach: fast jeder Text wird zuerst einer Dame diktiert und dann von ihr auf der Maschine geschrieben.

Herr Sommer: Haben Sie denn keine Standardtexte?

Herr Radtke: Doch, einige schon, aber die müßten wir noch einmal zusammenstellen und allen Mitarbeitern in Form einer Liste oder eines Formulars zur Überprüfung zugehen lassen. Das wäre schon ein erster Schritt zur Rationalisierung.

Herr Sommer: Für eine (7) *maschinenunterstützte Textverarbeitung* benötigen wir aber weitere Angaben von Ihnen. Wir müssen wissen, wieviele Bestellungen bei Ihnen pro Tag geschrieben werden, wieviele Schreibkräfte Sie beschäftigen, welche (8) *kontoristischen Arbeiten* erforderlich sind, welche Textstellen sich immer wiederholen und schließlich welcher Art die Texte sind, zum Beispiel ob es sich um Vertragstexte oder um kaufmännische und technische Bedingungen handelt.

Herr Radtke: Ja, Herr Sommer. Zunächst kann ich dazu sagen, daß wir ein zentrales Schreibbüro haben. Dort arbeiten ständig fünf Damen. Es ist natürlich so, wenn wir plötzlich einen Großauftrag hereinbekommen ...

Herr Sommer: Entschuldigen Sie! Was verstehen Sie unter einem Großauftrag?

Herr Radtke: Nun, das ist ein (9) *Auftrag, der sich auf* ... sagen wir einmal *mindestens fünfzig Millionen Mark beläuft.* Einen solchen Auftrag können wir mit diesem Personal nicht bewältigen, zumindest nicht in den ersten Monaten nach der Auftragserteilung. Erst nach ungefähr vier Monaten (10) *ist die Auftragsspitze abgebaut.*

Herr Sommer: Aha, dann können Sie zu einer mehr routinemäßigen (11) *Abwicklung* übergehen ...

Herr Radtke: ... bis der nächste Großauftrag abzuwickeln ist, ja. Die Schwierigkeit der Abwicklung liegt eben darin, daß innerhalb eines Vierteljahres alle Bestellungen erteilt sein müssen. Bei den heutigen Preisen und bei den heutigen (12) *Lieferzeiten* kommt es auf jeden Tag an. Sie wissen selbst, daß die (13) *Inflation* fast überall voranschreitet. Da heißt es, (14) *wer zuerst kommt, mahlt zuerst.*

Herr Sommer: Das bedeutet doch wohl auch, daß Sie für Großprojekte bei bestimmten Lieferanten (15) *Fertigungskapazität* reservieren müssen, damit Sie die Teile (16) *termingerecht* bekommen ...

Herr Radtke: Natürlich! Wir haben zur Zeit (17) *einen Lieferengpaß bei Rohren.* Überall werden Leitungen für Erdöl, Erdgas und Produkte der chemischen Industrie verlegt. Deshalb *müssen wir* schnellstens (18) *unseren Bedarf decken,* sonst überschreiten wir die vertraglichen Termine und müssen (19) *Konventionalstrafen* zahlen.

Herr Sommer: Herr Radtke, wie erfahren Sie, welches Material bestellt werden soll?

16

Herr Radtke: Unsere Techniker melden uns den Bedarf, und zwar auf Anforderungsscheinen.

Herr Sommer: Kaufen Sie auch im Ausland ein oder decken Sie Ihren Bedarf im Inland?

Herr Radtke: In den meisten Fällen bestellen wir im Inland. Das liegt daran, daß wir die einzelnen Firmen gut kennen und daß der Kontakt zwischen unseren Ingenieuren und den Ingenieuren der Lieferfirmen sehr eng ist. Andererseits kaufen wir auch im Ausland ein, besonders wenn gleichwertige Erzeugnisse dort billiger sind. Häufig schreibt auch der Kunde vor, welche Fabrikate für seine Anlage verwendet werden sollen. In diesem Fall bestimmt der Kunde den Lieferanten und damit das Lieferland.

Herr Sommer: Herr Radtke, wir sollten unser Thema eingrenzen und uns nochmals fragen: wie lautet exakt die Aufgabenstellung für die Abteilung Organisation und Datenverarbeitung?

Herr Radtke: Wir vom Einkauf stellen uns vor, daß Ihre EDV-Anlage eingesetzt werden sollte für das maschinelle Schreiben der Bestellungen und das gleichzeitige Sammeln von Daten, die wir für die (20) *Kostenerfassung* und damit für die Kontrolle des Auftrags benötigen. Sie wissen, (21) *wir führen über jeden Auftrag exakt Buch,* und unsere (22) *Geschäftsführung* verlangt, daß wir jederzeit Auskunft geben können, wie sich ein Auftrag insgesamt und in den einzelnen Kalkulationspositionen entwickelt hat.

Herr Sommer: Und die Kostenerfassung durch die EDV soll Ihnen letztlich die Kostenkontrolle ermöglichen.

Herr Radtke: Das ist richtig, das ist ein Hauptproblem. Wir sind kein Fabrikationsbetrieb. Beim Fabrikationsbetrieb können Sie genau kontrollieren, wieviel jedes Stück kostet. Sie haben einen genauen Überblick über die Vormaterialien, die Sie einkaufen, Sie können die Fertigung und damit die Herstellungskosten überwachen, Sie machen Ihren (23) *Gewinnzuschlag:* das ist eine klare Sache.

Herr Sommer: Na ja, die Fabrikationsbetriebe haben auch ihre Probleme ...

Herr Radtke: Aber wir stehen unter dem Zwang, ständig zu vergleichen, was wir vorkalkuliert haben und was wir bestellt haben, das heißt, der Einkäufer und der verantwortliche Projektleiter müssen jederzeit einen genauen Überblick über die Kostensituation haben.

Herr Sommer: Besonders deswegen, weil ja nicht nur Material bestellt wird, sondern auch (24) *Leistungen,* die sehr teuer sind.

Herr Radtke: Natürlich! Denken Sie allein an die Bauarbeiten für unsere (25) *Anlagen,* den (26) *Erdaushub,* die Planierung, die Maurerarbeiten, das Betonieren ...

Herr Sommer: Ja. Wir können also festhalten: Sie bestellen Material und Sie bestellen Leistungen in Form von Löhnen und Gehältern. Wir müssen das natürlich alles noch im einzelnen mit Ihren Technikern und Kaufleuten durchsprechen, aber im wesentlichen sehe ich klar.
Welche zeitlichen Vorstellungen haben Sie denn hinsichtlich der Realisierung dieses EDV-Projekts?

Herr Radtke: Herr Sommer, wenn genügend Kapazität in Ihrer Abteilung vorhanden ist, das heißt, wenn Sie die nötigen Organisatoren und Programmierer für das Projekt einsetzen können, dann müßte dieses Vorhaben doch in einem halben Jahr zu schaffen sein?

Herr Sommer: Ein halbes Jahr ist sehr wenig. Das Problem ist sehr komplex, da kann ich mich zeitlich noch nicht genau festlegen, aber ich glaube, daß wir nicht mehr als ein Jahr brauchen. Eine genaue Aussage kann ich erst nach Abschluß der (27) *Systemanalyse* machen. Und dann sollten wir uns natürlich auch einmal über die Kosten unterhalten ...

(1 Gongschlag)

1 G Glossar

1 ich werde mich um Ihr Problem kümmern — ich werde mich mit Ihrem Problem beschäftigen, ich werde mich Ihres Problems annehmen

2 der (Groß)Auftrag — die (Groß)Bestellung

3 das ist es ja eben — gerade das ist es ja

4 die Schreibkraft — die Stenotypistin oder Phonotypistin

5 wir sind überlastet — wir haben mehr Arbeit, als wir bewältigen können

6 die Datenverarbeitung — Die Lösung mengenmäßig komplizierter Betriebsprobleme (z. B. Lohn- und Gehaltsabrechnung) mit Hilfe von Computern. Oft spricht man von elektronischer Datenverarbeitung, noch öfter verwendet man die Abkürzung EDV (auch DV). Eine große EDV-Abteilung nennt man ein Rechenzentrum.

7 maschinenunterstützte Textverarbeitung — Verarbeitung (Speicherung und Ausgabe) standardisierter Texte durch den Computer

8 kontoristische Arbeiten — kaufmännische Verwaltungsarbeiten

9 der Auftrag beläuft sich auf DM 10.000,— — der Auftragswert beträgt DM 10,000,—

10 die Auftragsspitze ist abgebaut — die überdurchschnittlich hohe Arbeitsbelastung durch die vielen Bestellungen hat aufgehört

11 die Abwicklung des Auftrags — die gesamte Ausführung des Auftrags

12 die Lieferzeit — der Zeitraum, innerhalb dessen die Waren geliefert werden müssen

13 die Inflation — der Geldwertschwund, die Geldentwertung; wesentliche Erhöhung des Preisniveaus

14 wer zuerst kommt, mahlt zuerst — sprichwörtliche Redewendung mit der Bedeutung: wer zuerst da ist, wird zuerst bedient

15 die Fertigungskapazität — die Produktions- oder Fabrikationskapazität

16 termingerecht — pünktlich zum vereinbarten Zeitpunkt; der Termin

ist ein festgelegter Zeitpunkt

17 es gibt einen Liefer- die Nachfrage nach Rohren übersteigt das Angebot,
    engpaß bei Rohren   das heißt, es können nicht genug Rohre geliefert
                           werden

18 wir müssen den Be-   wir müssen die benötigten Rohre schnell (ein)kau-
    darf an Rohren   fen
    schnell decken

19 die Konventionalstra- vertraglich vereinbarte Geldbuße, die bei Nicht- oder
    fe (die Pönale)   Schlechterfüllung eines Vertrages oder einer be-
                           stimmten Vertragsklausel zu zahlen ist

20 die Kostenerfassung   die Sammlung und Registrierung von Kosten nach
                           einem bestimmten Schema

21 wir führen über jeden die Buchführung ist die laufende planmäßige Auf-
    Auftrag Buch   zeichnung aller Geschäftsvorfälle in zeitlicher Rei-
                           henfolge

22 die Geschäftsführung   die Firmenleitung (Geschäftsführer, Direktoren)

23 der Gewinnzuschlag   die Profitmarge

24 die Leistungen   gemeint sind hier „Dienstleistungen", z. B. die Mon-
                           tage von Apparaten oder die Anfertigung von Zeich-
                           nungen

25 die Anlage   die Fabrik; das Produktionsmittel

26 der Erdaushub   Die Gebäude und Einrichtungen der künftigen Anla-
                           ge werden auf Fundamenten errichtet, die in die Er-
                           de reichen. Hierzu müssen Löcher in die Erde ge-
                           macht werden. Diesen Vorgang nennt man Erdaus-
                           hub.

27 die Systemanalyse   die Analyse eines bestehenden Konzepts („Ist-Auf-
                           nahme") und das Entwickeln neuer Konzepte
                           („Soll-Konzepte")

1 H Ergänzungsübung

SCHREIBEN Sie die fehlenden Wörter in die Lücken. Den Schlüssel zu dieser Übung finden Sie unter 1 I.

1. Die Schreib . . . . . . der Einkaufsabteilung sind ständig . . . . lastet und Herr Radtke meint, daß ihm die Abteilung Organisation und Daten . . . . bei der Lösung dieses Problems . . . . . . kann.

2. Herr Sommer muß wissen, welche kon . . . . Arbeiten er . . . . sind, welche Textstellen . . . . immer . . . . . . holen und welcher . . . die Texte sind.

3. Einen Groß . . . . , der sich . . . mindestens 50 Millionen Mark b . . . . . . , kann die Abteilung mit 5 Schreibdamen nicht . . . . . tigen, zumindest nicht in den ersten Monaten nach der Auftragser . . . .

4. Häufig schreibt der Kunde . . . , welche Fa . . . . für seine Anlage ver- . . . . . . werden sollen, das heißt er be . . . . . . den Liefer . . . . . und damit das Lieferland.

5. Die Leute vom Einkauf stellen sich . . . , daß die . . . -Anlage . . . gesetzt werden sollte für das masch . . . . . . Schreiben der Bestellungen und das . . . . . . zeitige Sammeln von Daten, die für die Kostener . . . . be . . . . . . werden.

6. In einem Fabrikationsbe . . . . . hat man einen genauen Über . . . . . über die . . . . . kauften Vormaterialien und kann so die Fer . . . . . . und damit die . . . stellungskosten . . . . wachen.

7. Herr Sommer kann sich zeit . . . . noch nicht genau . . . . legen, aber er glaubt, daß seine Abteilung für die Re . . . . des Pro . . . . . nicht mehr . . . ein Jahr b . . . . wird.

1. Schreibkräfte – überlastet – Datenverarbeitung – helfen
2. kontoristischen – erforderlich – sich – wiederholen – Art
3. Großauftrag – auf – beläuft – bewältigen – Auftragserteilung
4. vor – Fabrikate – verwendet – bestimmt – Lieferanten
5. vor – EDV – eingesetzt – maschinelle – gleichzeitige – Kostenerfassung – benötigt
6. Fabrikationsbetrieb – Überblick – eingekauften – Fertigung – Herstellungskosten – überwachen
7. zeitlich – festlegen – Realisierung – Projekts – als – brauchen

2 A Dialog (Tonband)

HÖREN Sie sich den Dialog mehrmals an.
Das Ende des Dialogs Teil 2 wird durch zwei Gongschläge gekennzeichnet.
Machen Sie wieder unmittelbar im Anschluß daran die Auswahlübung 2 B und
die Wiederholungsübung 2 D.

2 B Auswahlübung

LESEN Sie den folgenden Text. Kreuzen Sie diejenige Aussage an, die den im Dialog gegebenen Informationen entspricht. Den Schlüssel zu dieser Übung finden Sie unter 2 C.

1. Im Anfragestadium geht es bei der Technik und im Einkauf stark durcheinander. Was hier fehlt, sind eindeutige
   a) Beschaffungsrichtlinien
   b) Ist-Aufnahmen
   c) Bedarfsermittlungen

2. Die kaufmännischen Bedingungen sind in einem Formblatt mit laufenden Nummern erfaßt. Der Einkäufer kreuzt auf diesem Blatt bestimmte Nummern an, und die Damen wissen dann,
   a) wieviel Aufwand für eine Bestellung erforderlich ist
   b) ob eine fernschriftliche Bestellung erforderlich ist
   c) welche Bedingungen sie in die Bestellung aufnehmen müssen

3. Bei den Finanzierungsgeschäften werden nur geringe Anzahlungen geleistet, und der Einkauf versucht daher,
   a) die Abwicklung zu vereinfachen
   b) verschiedene Risiken an Lieferanten weiterzugeben
   c) zwei Prozent Skonto zu bekommen

4. Nach Herrn Sommers Analyse liegt ein Hauptproblem in der mangelnden Zusammenarbeit zwischen
   a) Bestellern und Lieferanten
   b) Technikern und Kaufleuten
   c) den beiden Gesellschaften, die durch Fusion entstanden sind

2 C Schlüssel zur Auswahlübung

1. a) 2. c) 3. b) 4. b)

2 D Wiederholungsübung (Tonband)

HÖREN Sie Ihren Tonbandlehrern zu. SPRECHEN Sie in den Pausen nach.
Auf dem Tonband folgt diese Übung dem Dialog 2 A. Schauen Sie beim Nachsprechen nicht in Ihr Buch. Imitieren Sie Aussprache und Intonation der Spre-
cher(in). Wiederholen Sie diese Übung mehrmals.

2 E Wiederholungsübung

LESEN Sie diesen Text erst nach der Arbeit mit dem Tonband.

Vereinfachen – die Abwicklung vereinfachen – daran interessiert, die Abwicklung zu vereinfachen – die Mitarbeiter sind selbst daran interessiert, die tägliche Abwicklung zu vereinfachen

Die Rechte und Pflichten – die Rechte und Pflichten der jeweiligen Abteilung – eine Einkaufsordnung, die die Rechte und Pflichten der jeweiligen Abteilung definiert – Sie brauchen eine Einkaufsordnung, die die Rechte und Pflichten der jeweiligen Abteilung definiert

Der Bedarf entsteht – wie der Bedarf entsteht – wie er ermittelt wird – wir wissen, wie der Bedarf entsteht und wie er ermittelt wird

Ein Konzept – ein einheitliches Konzept – hier fehlt ein einheitliches Konzept – mir scheint, hier fehlt ein einheitliches Konzept

Entstanden – aus der Zusammenlegung entstanden – aus der Zusammenlegung von zwei Gesellschaften entstanden – die jetzige Gesellschaft ist aus der Zusammenlegung von zwei Gesellschaften entstanden

Unterlagen – einige standardisierte Unterlagen – so sind auch dort einige standardisierte Unterlagen vorhanden – wenn wir den Bereich der kaufmännischen Abwicklung betrachten, so sind auch dort einige standardisierte Unterlagen vorhanden

Gültig – für alle Mitarbeiter gültig – die für alle Mitarbeiter gültig ist – eine einheitliche Formulierung, die für alle Mitarbeiter gültig ist – es muß eine einheitliche Formulierung gefunden werden, die für alle Mitarbeiter gültig ist

Abschicken – rechtzeitig abschicken – die Bestellungen nicht rechtzeitig abschicken – die Unterlagen – wenn der Einkäufer die Unterlagen zu spät bekommt – wenn der Einkäufer die Unterlagen zu spät bekommt, kann er die Bestellungen nicht rechtzeitig abschicken

2 F Dialog (Tonband und Buch)

HÖREN Sie sich den Dialog 2 A nochmals an. LESEN Sie gleichzeitig den folgenden Dialogtext *stumm* mit. Arbeiten Sie anschließend den Text durch. Dabei hilft Ihnen das einsprachige Glossar im Anschluß an den Dialogtext, auf das die Zahlen vor den zu erklärenden Ausdrücken verweisen. HÖREN Sie sich schließlich den Dialog nochmals an und versuchen Sie, ihn gleichzeitig zu SPRECHEN.

Herr Sommer: Herr Radtke, wir haben uns nun drei Monate mit Ihrem Problem beschäftigt und sind jetzt so weit, daß wir Ihnen eine (1) *Ist-Aufnahme* vorlegen können.

Herr Radtke: Wunderbar, das ging doch relativ schnell!

Herr Sommer: (2) *Das verdanken wir* im wesentlichen *der Aufgeschlossenheit Ihrer Mitarbeiter!*

Herr Radtke: Ja, wissen Sie, Herr Sommer, die Mitarbeiter sind ja schließlich selbst daran interessiert, die tägliche Abwicklung zu vereinfachen.

Herr Sommer: Herr Radtke, ich glaube, wir sollten nun diese Ist-Aufnahme einmal kritisch Punkt für Punkt durchgehen.

Herr Radtke: Gerne!

Herr Sommer: Zusammenfassend kann ich sagen, daß wir Antworten auf folgende Fragen gesucht haben: Wie entsteht der Bedarf? (3) *Wie wird der Bedarf ermittelt?* Wie wird der Bedarf von den Technikern an den Einkauf gemeldet? Was geschieht im Einkauf, wenn der Bedarf bekannt ist? Wie erfolgt die Lieferantenauswahl? Wieviele Firmen werden zur Angebotsabgabe aufgefordert? Nach welchen Kriterien werden die Angebote verglichen? Wie und bei wem wird bestellt?

Herr Radtke: Ich nehme an, daß Sie da einige schwache Stellen entdeckt haben!

Herr Sommer: (4) *Im Anfragestadium* geht es in der Tat bei der Technik und im Einkauf stark durcheinander – mal fragt der Techniker an, mal fragt der Einkäufer an, mal fragen sie beide an. Mir scheint, hier fehlt ein einheitliches Konzept.

Herr Radtke: Ja, (5) *das ist ein wunder Punkt*, Herr Sommer. Es stimmt, daß

27

eindeutige (6) *Beschaffungsrichtlinien* fehlen.

Herr Sommer: Genau das wollte ich sagen. Für (7) *eine einwandfreie Abwick-lung* brauchen Sie eine Einkaufsordnung, die (8) *die Rechte und Pflichten der jeweiligen Abteilung* definiert. Mein Kollege wird Ihnen dazu nächste Woche detaillierte Vorschläge machen.

Herr Radtke: Das ist sehr zu begrüßen. Was ich zu den Beschaffungsrichtlinien sagen wollte: Die Fusion mit der neuen Gesellschaft war ja erst letztes Jahr! Hoffentlich haben Sie bei Ihren Ermittlungen auch ein paar positive Dinge entdeckt!

Herr Sommer: Durchaus. In den technischen Büros ist sehr gute Arbeit geleistet worden. Man hat dort für Anlagenteile, die immer wieder vor-kommen können, eine Menge sehr brauchbarer technischer Be-schreibungen auf (9) *Formblättern* geschaffen.

Herr Radtke: Sie meinen unsere Technischen Beschaffungsvorschriften.

Herr Sommer: Ja. Nicht so gut steht es allerdings mit der Auswahl der anbieten-den Firmen. Der Einkauf schickt seine Anfragen auch an Firmen, die in den technischen Büros weitgehend unbekannt sind. Hier fehlt es offenbar an Koordination.

Herr Radtke: Herr Sommer, da muß ich wieder zu unserer Entschuldigung sa-gen, daß unsere jetzige Gesellschaft aus der Zusammenlegung von zwei Gesellschaften entstanden ist. Die beiden Gruppen sind noch nicht in jeder Beziehung miteinander verwachsen.

Herr Sommer: Ja, ich weiß. Aber (10) *diese Dinge muß man* nun *in den Griff bekommen.*

Herr Radtke: Zweifellos.

Herr Sommer: Herr Radtke, wenn wir weiter den Bereich der kaufmännischen Abwicklung betrachten, so sind auch dort einige standardisierte Unterlagen vorhanden ...

Herr Radtke: Ja, wir haben jetzt die ständig wiederkehrenden kaufmännischen Bedingungen in einem Formblatt erfaßt und mit (11) *laufenden Nummern* versehen, die der Einkäufer nur noch anzukreuzen braucht. So wissen unsere Damen, welche Bedingungen sie in die Bestellungen aufnehmen müssen.

Herr Sommer: Ja, das ist schon recht. Aber was wir gar nicht verstehen können ist, daß Sie über eintausend verschiedene Zahlungsbedingungen in Ihrem Bereich haben. Das ist viel zuviel, Herr Radtke!

Herr Radtke: Herr Sommer, diese Bedingungen sind historisch gewachsen. Durch die vielen verschiedenen Aufträge, die wir abgewickelt haben, sind ständig neue Bedingungen hinzugekommen. Vergessen Sie nicht, daß wir zum Beispiel auch (12) *Finanzierungsgeschäfte* haben, bei denen nur geringe Anzahlungen geleistet werden, während die Hauptzahlungen erst im Lauf von Jahren eingehen. Da ist es nur natürlich, daß wir versuchen, verschiedene Risiken auch an unsere Lieferanten weiterzugeben.

Herr Sommer: Von diesen Sonderbedingungen rede ich gar nicht. Es handelt sich um normale Zahlungsbedingungen, die oftmals die gleiche Bedeutung haben, nur die Formulierung ist jedesmal anders!

Herr Radtke: Ja, aber . . .

Herr Sommer: Wir müssen das ganz nüchtern sehen. Für eine bestimmte Bedingung, sagen wir „Zahlung innerhalb von vierzehn Tagen mit zwei Prozent (13) *Skonto*" oder „Zahlung innerhalb von dreißig Tagen netto" muß eine einheitliche Formulierung gefunden werden, die für alle Mitarbeiter gültig ist.

Herr Radtke: Da haben Sie wohl recht . . . Sicher werden Sie einiges vereinfachen können.

Herr Sommer: Die kontoristischen Arbeiten haben wir uns auch angeschaut, (14) *Terminverfolgung* und so weiter. Diese Aufgaben werden alle recht gut gelöst, und wir wollen daran nicht viel rütteln. Die Schwierigkeit liegt immer wieder in der mangelnden Zusammenarbeit zwischen Technikern und Kaufleuten. Kommen wir in die technische Abteilung, so sagen die Techniker, bis eine Bestellung bei Herrn Radtke das Büro verläßt, vergehen Wochen . . .

Herr Radtke: Na, also . . .

Herr Sommer: Kommen wir zu einem Ihrer Einkäufer, so sagt der, wir bekommen die technischen Unterlagen viel zu spät, wir können die Bestellung deshalb nicht rechtzeitig abschicken, wir bekommen nur unvollständig ausgefüllte Formulare und müssen dauernd selbst die notwendigen Ergänzungen machen, (15) *telefonische Rücksprachen halten*, und so weiter, und so fort.

Herr Radtke: Da sehen Sie die andere Seite!

Herr Sommer: Wenn ein Fremder das hören würde, so müßte er denken, es ist ein Glücksfall, wenn in dieser Firma überhaupt eine Bestellung das Haus verläßt!

Herr Radtke: Nun, so schlimm ist es offensichtlich nicht, denn immerhin bauen wir ja sehr beachtliche Anlagen im In-und Ausland.

Herr Sommer: Ja, das stimmt. – Herr Radtke, als Ergänzung zu der Ist-Aufnahme habe ich Ihnen ein (16) *Mengengerüst* aufgestellt. Darin steht, wieviele Bestellungen täglich bei Ihnen geschrieben werden und wieviel (17) *Aufwand* für eine Bestellung erforderlich ist. Festgehalten ist ferner, wieviele Mitarbeiter aktiv an den Bestellungen arbeiten und wieviele kontoristische und kaufmännische Hilfsarbeiten erforderlich sind. Wir haben uns bei der (18) *Fernschreibstelle* vergewissert, wieviele fernschriftliche Bestellungen hier abgehen, damit wir auch diese Dinge in den Griff bekommen.

Herr Radtke: Sie haben sehr gewissenhaft gearbeitet. Ich muß mir das aber in Ruhe ansehen.

Herr Sommer: Das wollte ich Ihnen gerade vorschlagen. Wir können uns dann in ein paar Tagen nochmals zusammensetzen und diskutieren. Was wir dann von Ihnen brauchen, ist ein definitiver Auftrag, damit wir einen detaillierten Entwurf für das Schreiben der Bestellungen mittels EDV erarbeiten können.

(2 Gongschläge)

2 G Glossar

1 die Ist-Aufnahme   die Feststellung des augenblicklichen Zustandes, einschließlich einer Wertung

2 das verdanken wir der Aufgeschlossenheit Ihrer Mitarbeiter   die Offenheit, das kooperative Verhalten Ihrer Mitarbeiter hat uns das ermöglicht

3 Wie wird der Bedarf ermittelt?   Wie wird der Bedarf festgestellt?

4 im Anfragestadium   wenn die Anfragen eingehen; eine Anfrage ist die Bitte oder Aufforderung, ein Angebot abzugeben

5 das ist ein wunder Punkt   das ist eine schwache Stelle

6 die Beschaffungsrichtlinien   die Einkaufsregeln

7 die einwandfreie Abwicklung der Aufträge   die korrekte, ordnungsgemäße Ausführung der Bestellungen

8 die Pflichten der jeweiligen Abteilung   die Pflichten jeder einzelnen Abteilung

9 das Formblatt   das Formular

10 die Dinge in den Griff bekommen   der Schwierigkeiten Herr werden, die Schwierigkeiten meistern

11 laufende Nummern   1, 2, 3, 4 etc., oder 101, 102, 103 etc. sind laufende Nummern

12 das Finanzierungsgeschäft   hier ein Geschäft, bei dem der Kunde nicht sofort bezahlen will, das heißt einen Kredit wünscht

13 der oder das Skonto   prozentual berechneter Preisnachlaß bei Barzahlung oder bei Zahlung innerhalb kurzer Frist

14 die Terminverfolgung   die Überwachung der vertraglich festgelegten Zeitpunkte, z. B. derjenigen für Lieferung und Zahlung oder Garantieerfüllung

15 (mit jemandem) Rücksprache halten   etwas (mit jemandem) besprechen

31

16 das Mengengerüst	die schematische Darstellung aller quantifizierbaren Arbeitsunterlagen („Belege") und Arbeitsvorgänge (Mengengerüst der Kosten: mengenmäßige Grundlage der Kosten, auch „Input" genannt)
17 der Aufwand	hier: der Bedarf (an Zeit, Mitteln, Personal) „Bedarf" siehe auch 1 G, 17
18 die Fernschreibstelle	hier: die Abteilung der Firma, in der eilige Mitteilungen über Fernschreiber geschrieben und den Empfängern übermittelt werden (das Fernschreiben = das Telex)

2 H Ergänzungsübung

SCHREIBEN Sie die fehlenden Wörter in die Lücken. Den Schlüssel zu dieser Übung finden Sie unter 2 I.

1. Wie . . . steht der Be . . . . ? Wie wird er er . . . . ? Wie wird er . . . den Technikern an den Einkauf . . meldet?

2. Wie . . folgt die Lieferantenaus . . . . ? Wieviele Firmen werden . . . Angebotsab . . . . aufge . . . . ?

3. Nach welchen Kr . . . . werden die Angebote ver . . . . ? Wie und bei . . . wird bestellt? Wieviel . . . wand ist für eine Bestellung . . forderlich?

4. Wieviele . . . arbeiter arbeiten aktiv . . den Bestellungen? Wieviele kauf- . . . . Hilfsarbeiten sind nötig? Wieviele . . . . schriftliche Bestellungen gehen . . . hier . . ?

5. Für eine . . . . freie . . wicklung braucht man eine Einkaufs . . . . , die die Rechte und . . . . der jeweiligen Ab . . . . . . definiert.

6. Die F . . . . . war e . . . letztes Jahr. Die beiden . . . . . . schaften sind noch nicht in jeder . . ziehung mit . . . . verwachsen.

7. Wenn wir den Be . . . . . des Einkaufs . . trachten, so sind auch dort einige standardisierte . . . . . lagen vor . . . .

1. entsteht – Bedarf – ermittelt – von – gemeldet
2. erfolgt – Lieferantenauswahl – zur – Angebotsabgabe – aufgefordert
3. Kriterien – verglichen – wem – Aufwand – erforderlich
4. Mitarbeiter – an – kaufmännische – fernschriftliche – von – ab
5. einwandfreie – Abwicklung – Einkaufsordnung – Pflichten – Abteilung
6. Fusion – erst – Gesellschaften – Beziehung – miteinander
7. Bereich – betrachten – Unterlagen – vorhanden

3 A Dialog (Tonband)

HÖREN Sie sich den Dialog mehrmals an.
Das Ende des Dialogs Teil 3 wird durch 3 Gongschläge gekennzeichnet.
Bitte vor dem Lesen des Dialogtextes unbedingt erst die Auswahl- und Wiederholungsübung durchgehen.

3 B Auswahlübung

LESEN sie den folgenden Text. Kreuzen Sie diejenige Aussage an, die den im Dialog gegebenen Informationen entspricht. Den Schlüssel zu dieser Übung finden Sie unter 3 C.

1. In der Lieferantendatei erhalten sämtliche Lieferanten eine Nummer, über die
   a) ein bestimmter Code abrufbar ist
   b) ihre Adresse abrufbar ist
   c) eine Bedienungskraft abrufbar ist

2. Die Verbindung zwischen dem Bildschirmterminal und der zentralen EDV-Anlage erfolgt über
   a) eine Telefonleitung
   b) eine Tastatur
   c) einen Speicher

3. Bevor die Bedienungskraft am Bildschirmterminal morgens ihre Arbeit beginnt, muß sie
   a) die Textrevisionen in einer Datei katalogisieren
   b) sich identifizieren
   c) die Terminlisten nach Datum und Lieferanten ordnen

4. Die EDV-Anlage wird im Multi-Programming gefahren, das heißt es können
   a) mehrere Programmierer eingesetzt werden
   b) Programme für viele Projekte bedient werden
   c) mehrere Programme gleichzeitig bedient werden

3 C Schlüssel zur Auswahlübung

1. b) 2. a) 3. b) 4. c)

3 D Wiederholungsübung (Tonband)

HÖREN Sie Ihren Tonbandlehrern zu. SPRECHEN Sie in den Pausen nach. Auf dem Tonband folgt diese Übung dem Dialog 3 A. Schauen Sie beim Nachsprechen nicht in Ihr Buch. Imitieren Sie Aussprache und Intonation der Sprecher(in). Wiederholen Sie diese Übung mehrmals.

3 E Wiederholungsübung

LESEN Sie diesen Text erst nach der Arbeit mit dem Tonband.

Telefonnummern — Telefonnummern, Fernschreibnummern und so weiter — durch Hinzufügen von Telefonnummern, Fernschreibnummern und so weiter — erweitert werden durch Hinzufügen von Telefonnummern, Fernschreibnummern und so weiter — die Datei kann beliebig erweitert werden durch Hinzufügen von Telefonnummern, Fernschreibnummern und so weiter

Sie stellt den Bildschirm an — sie identifiziert sich — die Mitarbeiterin stellt morgens den Bildschirm an und identifiziert sich — wenn die Mitarbeiterin morgens das Büro betritt — wenn die Mitarbeiterin morgens das Büro betritt, stellt sie den Bildschirm an und identifiziert sich

Mißbrauch ausgeschlossen — damit jeglicher Mißbrauch ausgeschlossen ist — der Code kann geändert werden — der Code kann nach Bedarf geändert werden, damit jeglicher Mißbrauch ausgeschlossen ist

Vertraut — mit dem neuen System vertraut — gründlich mit dem neuen System vertraut gemacht — in der Schulungsphase — in der Schulungsphase werden die Mitarbeiter gründlich mit dem neuen System vertraut gemacht

Auftreten — daß kaum Fehler auftreten — die Technik ist so weit, daß kaum Fehler auftreten — die Computertechnik ist heute so weit, daß kaum Fehler auftreten

Behoben — der Fehler wird behoben — wenn etwas passiert, wird der Fehler behoben — wenn tatsächlich einmal etwas passiert, wird der Fehler sofort behoben

Unterhalten — über das Projekt unterhalten — wir können uns nächste Woche über das Projekt unterhalten — wenn es Ihnen recht ist, können wir uns nächste Woche über das Projekt unterhalten

3 F Dialog (Tonband und Buch)

HÖREN Sie sich den Dialog 3 A nochmals an. LESEN Sie gleichzeitig den folgenden Dialogtext *stumm* mit. Arbeiten Sie anschließend den Text durch. Dabei hilft Ihnen das einsprachige Glossar im Anschluß an den Dialogtext, auf das die Zahlen vor den zu erklärenden Ausdrücken verweisen. HÖREN Sie sich schließlich den Dialog nochmals an und versuchen Sie, ihn gleichzeitig zu SPRECHEN.

Herr Radtke: Herr Sommer, was gibt's Neues?

Herr Sommer: Herr Radtke, (1) *unser Entwurf* für das neue Bestellschreibsystem ist fertig.

Herr Radtke: Da bin ich aber sehr gespannt, Herr Sommer!

Herr Sommer: Zunächst noch einmal herzlichen Dank dafür, daß Sie uns Ihren Herrn Müller für die ganze Dauer der Projektarbeit zur Verfügung gestellt haben.

Herr Radtke: Es ist uns gar nicht so leicht gefallen, Herrn Müller für so lange Zeit freizustellen. Sie wissen ja, was bei uns los ist . . .

Herr Sommer: Dafür können wir Ihnen jetzt ein System vorlegen, das Ihre Arbeit in Zukunft ganz wesentlich erleichtern wird.

Herr Radtke: Na hoffentlich!

Herr Sommer: Wir haben, soweit das möglich war, auf vorhandene Standardtexte zurückgegriffen.

Herr Radtke: Sie meinen die technischen und kaufmännischen Beschaffungsvorschriften!

Herr Sommer: Ja, wir werden diese Beschaffungsvorschriften (2) *überarbeiten* und jede Textversion unter einer Nummer in einer (3) *Datei* katalogisieren. Was die Lieferantendatei betrifft . . .

Herr Radtke: Eine (4) Lieferanten*kartei* existiert bereits!

Herr Sommer: Ja, ich weiß. In der Lieferantendatei erhalten sämtliche Lieferanten eine Nummer, (5) *über die ihre Adresse abrufbar ist*. Diese Datei kann beliebig erweitert werden durch Hinzufügen von Telefonnummern, Fernschreibnummern und so weiter. Natürlich muß die Datei von Ihnen immer auf dem neuesten Stand gehalten werden.

Herr Radtke: Das ist klar. – Was haben Sie denn mit unseren tausend Zahlungsbedingungen gemacht?

Herr Sommer: Die haben wir (6) *rigoros* zusammengestrichen, und es sind nur noch fünfundzwanzig übriggeblieben. Diese fünfundzwanzig Bedingungen wollen wir in einer Zahlungsbedingungsdatei (7) *speichern.*

Herr Radtke: Fünfundzwanzig?

Herr Sommer: Ja. Ich habe Ihnen das hier einmal zusammengestellt. Ihr Herr Müller meint auch, daß (8) *wir mit fünfundzwanzig Standardbedingungen auskommen müßten.*

Herr Radtke: Das kann ich mir wirklich nicht vorstellen!

Herr Sommer: Nun, Herr Radtke, Sie müssen sich das einmal in aller Ruhe ansehen.

Herr Radtke: Und wie entsteht nun so eine Bestellung über EDV? Können Sie mir das etwas näher beschreiben?

Herr Sommer: Ja. Unser Vorschlag ist, daß Sie in Zukunft ein (9) *Bildschirmterminal* einsetzen. Das sieht so aus, daß wir in einem Ihrer Räume ein solches Gerät über eine Telefonleitung mit unserer EDV-Anlage verbinden.

Herr Radtke: Auf (10) *Ausstellungen* habe ich solche Terminals schon gesehen . . .

Herr Sommer: Ja, das Bildschirmterminal hat eine (11) *Tastatur*, wie sie an jeder normalen Schreibmaschine zu finden ist, lediglich ergänzt durch einige zusätzliche Tasten, mit denen die Bedienungskraft entsprechende Programme von der EDV abruft.

Herr Radtke: (12) *Stichwort* Bedienungskraft! Meinen Sie, daß unsere Schreibdamen sofort damit umgehen können?

Herr Sommer: Ganz bestimmt. Ihre Damen erhalten von den technischen und kaufmännischen (13) *Sachbearbeitern* ausgefüllte Formulare, aus denen hervorgeht, bei welchen Lieferanten zu welchen Terminen Maschinen, Apparate oder sonstiges Material zu welchen Preisen und Bedingungen zu bestellen sind. Mit Hilfe bestimmter (14) *Eingaben* über das Bildschirmterminal werden aus den verschiedenen Dateien die erforderlichen Texte und Bedingungen abgerufen und automatisch in der richtigen Reihenfolge über einen

Drucker als Bestellung ausgedruckt. Diese (15) *Bestellung ist dann unterschriftsreif.*

Herr Radtke: Wie schützen wir uns davor, daß (16) *Unbefugte über das Terminal an unser Datenmaterial herankommen?*

Herr Sommer: Wenn Ihre Mitarbeiterin morgens das Büro betritt, stellt sie den Bildschirm an und identifiziert sich.

Herr Radtke: Wie macht sie denn das?

Herr Sommer: Über einen bestimmten Code, den wir je nach Bedarf ständig ändern können, damit jeglicher Mißbrauch ausgeschlossen ist.

Herr Radtke: Ja, Herr Sommer, das hört sich alles so einfach an, aber glauben Sie nicht, daß da noch Schwierigkeiten auftreten werden?

Herr Sommer: Ich glaube, da können Sie ganz beruhigt sein. Der weitere Projektverlauf sieht eine Phase vor, die wir „Schulung und Einführung des Systems" nennen. In dieser Phase werden Ihre Mitarbeiter und Mitarbeiterinnen gründlich von uns mit dem neuen System vertraut gemacht.

Herr Radtke: Das ist gut. Was tun wir aber, (17) *wenn die Maschine* einmal *ausfällt?*

Herr Sommer: Die Computertechnik ist heute so weit, daß kaum Fehler auftreten, und wenn tatsächlich einmal etwas passiert, wird (18) *der Fehler sofort behoben.* Schon allein deswegen, weil außer dem Einkauf (19) *viele andere Abteilungen von so einem Fehler betroffen würden!*

Herr Radtke: Hoffen wir es. In welcher Reihenfolge werden die einzelnen Abteilungen denn von Ihnen bedient?

Herr Sommer: (20) *Wir fahren die Maschine* im Multi-Programming, das heißt, wir sind in der Lage, mehrere Programme gleichzeitig nebeneinander zu bedienen: Sie können Bestellungen schreiben lassen, die Personalabteilung kann Personaldaten abrufen, die Finanzbuchhaltung vergewissert sich über den Stand bestimmter Konten und so weiter.

Herr Radtke: Wenn ich das so höre, frage ich mich, ob der Einkauf aus diesem EDV-Projekt noch weiteren Nutzen ziehen kann ...

Herr Sommer: Ja, in dem Projekt steckt noch einiges drin. Zunächst einmal bekommen Sie die Bestellungen, und dann leiten wir die Werte dieser Bestellungen in die Kostenerfassung. Hieraus wiederum ergeben sich Kostenkontrollberichte, die Sie je nach Erfordernis (21) *in verschiedenen Verdichtungsstufen* haben können.

Herr Radtke: Das wäre sehr wichtig für uns!

Herr Sommer: Dann bekommt Ihre Abteilung „Terminverfolgung" von uns Terminlisten, nach Datum und Lieferanten geordnet. Und schließlich bekommen Sie selbst täglich eine Bestellstatistik.

Herr Radtke: Das ist wirklich interessant, Herr Sommer. Ich arbeite Ihren Bericht in Ruhe durch und werde mir vor allen Dingen auch Ihre Kostenaufstellung genau ansehen. Wenn es Ihnen recht ist, können wir uns gleich nächste Woche noch einmal über das ganze Projekt unterhalten . . .

(3 Gongschläge)

3 G Glossar

1 der Entwurf	die erste, vorläufige Version; eine Skizze
2 überarbeiten	revidieren
3 die Datei	Sammlung von Informationen auf Datenträgern (Lochkarten, Magnetbänder, Magnetplatten)
4 die Kartei	Sammlung von Karten, die bestimmte Informationen enthalten und nach einem bestimmten System geordnet sind
5 die Adresse ist über eine Nummer abrufbar	die Adresse kann durch Angabe einer Kennziffer in der Datei aufgefunden werden
6 rigoros (Fremdwort)	rücksichtslos, mit äußerster Strenge
7 speichern	Informationen unter Verwendung von Kennziffern (Nummern) in Dateien sammeln und aufbewahren
8 mit diesen Bedingungen müßten wir auskommen	diese Bedingungen müßten uns genügen
9 das Bildschirmterminal	ein an eine zentrale EDV-Anlage angeschlossenes Gerät mit Bildschirm und Schreibmaschinentastatur, über das Informationen an ein EDV-System gegeben beziehungsweise von dort abgerufen werden können
10 die Ausstellung	öffentliche Veranstaltung, z. B. um wirtschaftliche oder technische Erzeugnisse und Leistungen zu zeigen; die Ausstellung ist eine von vielen Werbemöglichkeiten
11 die Tastatur	Anordnung der Drucktasten bei Geräten, die nach Auslösung einer Taste eine bestimmte Arbeit verrichten
12 das Stichwort	Wort mit Signalwirkung
13 der Sachbearbeiter	der Angestellte in einer Firma (oder der Beamte in einer Behörde), der für ein bestimmtes Fachgebiet zuständig ist
14 die Eingabe	Informationen, die an (in) ein EDV-System gegeben werden

15 die Bestellung ist unterschriftsreif	der Text der Bestellung ist nach Form und Inhalt korrekt und kann nun unterschrieben werden
16 Unbefugte dürfen nicht an unser Datenmaterial herankommen	der Zugang zu unserem Datenmaterial muß Leuten, die dazu nicht berechtigt sind, unmöglich gemacht werden
17 wenn die Maschine ausfällt	wenn die Maschine defekt ist
18 einen Fehler beheben	einen Fehler beseitigen
19 von diesem Fehler würden auch andere Abteilungen betroffen	diesen Fehler bekämen auch andere Abteilungen zu spüren, unter diesem Fehler müßten auch andere Abteilungen leiden
20 wir fahren die Maschine . . .	wir betreiben die Maschine . . .
21 in verschiedenen Verdichtungsstufen	in mehr oder weniger konzentrierter Form

3 H Ergänzungsübung

SCHREIBEN Sie die fehlenden Wörter in die Lücken. Den Schlüssel zu dieser
Übung finden Sie unter 3 I.

1. Die .. schaffungsv . . . . werden . . . . arbeitet, und jede Textversion wird . . . . . einer Nummer in einer D . . . . kata . . . .

2. Das Bild . . . . . . terminal hat eine T . . . . , mit deren Hilfe die Bedie-
nungs . . . . . entsprechende Programme . . . der EDV . . . . ft.

3. Die Damen . . halten von den . . . . . . arbeitern . . . . . füllte Formulare,
. . . denen . . . . . . geht, bei welchen Lieferanten . . welchen Terminen bestellt werden muß.

4. . . . Hilfe bestimmter Ein . . . . . werden aus den verschiedenen Dateien die
erforderlichen Texte a . . . . und automatisch . . der richtigen Reihen-
. . . . . als Bestellung . . . . . druckt.

5. Jeglicher . . . brauch des Datenmaterials ist . . . . . schlossen; da jeder Be-
nutzer des Terminals . . . . zunächst über einen be . . . . Code identi-
. . . . muß.

6. In einer Phase, die „ . . . . . ung und Einführung des neuen Systems"
. . . . wird, werden alle Mitarbeiter . . . . . lich . . . dem neuen System
ver . . . . . gemacht.

7. Die Abteilung „Termin . . . . " bekommt von der EDV Terminlisten,
die . . . . Datum und Lieferanten . . . . . net sind.

1. Beschaffungsvorschriften – überarbeitet – unter – Datei – katalogisiert
2. Bildschirmterminal – Tastatur – Bedienungskraft – von – abruft
3. erhalten – Sachbearbeitern – ausgefüllte – aus – hervorgeht – bei – zu
4. Mit – Eingaben – abgerufen – in – Reihenfolge – ausgedruckt
5. Mißbrauch – ausgeschlossen – sich – bestimmten – identifizieren
6. Schulung – genannt – gründlich – mit – vertraut
7. Terminverfolgung – nach – geordnet

4 A Vier-Phasen-Übungen (Tonband)

SPRECHEN Sie, wie es Ihnen Ihre Tonbandlehrer zu Beginn jeder Übung vor-
machen. Das geht z. B. so vor sich:

1. Lehrer: Wer hat sich um das Problem gekümmert – Herr Müller?
2. Lehrer: Nein, leider ist er nicht dazu gekommen, sich um das Problem zu
   kümmern

Ein solches Beispiel zeigt Ihnen, wie Sie reagieren sollen, wenn Ihnen ähnliche
Sprechanreize gegeben werden, etwa so:

Lehrer: Wer hat sich um diese Bestellung gekümmert – Fräulein Schmidt?

Schüler: Nein, leider ist sie nicht dazu gekommen, sich um diese Bestellung
zu kümmern

Lehrer: Nein, leider ist sie nicht dazu gekommen, sich um diese Bestellung
zu kümmern

Schüler: Nein, leider ist sie nicht dazu gekommen, sich um diese Bestellung
zu kümmern

Sie versuchen also immer, auf den Sprechanreiz, den „Stimulus", richtig zu reagieren. Falls Sie einen Fehler machen: Ihre Tonbandlehrer geben Ihnen anschließend die Modellantwort. Wiederholen Sie immer diese Modellantwort.
Mehrmaliges Durcharbeiten der Drills erhöht den Lernerfolg.

4 B Vier-Phasen-Übungen

LESEN Sie diese Texte erst nach der Arbeit mit dem Tonband.

„Nein, leider ist er nicht dazu gekommen, sich um das Problem zu kümmern"
(1)

Herr Sommer wollte sich schon lange um das Schreibproblem kümmern, aber er hatte keine Zeit: leider ist er nicht dazu gekommen, sich um das Schreibproblem zu kümmern. Diese Struktur wollen wir jetzt üben.

Beispiel 1:
Wer hat sich um das Problem gekümmert — Herr Müller?
— Nein, leider ist er nicht dazu gekommen, sich um das Problem zu kümmern

Beispiel 2:
Wer hat sich um diesen Auftrag gekümmert — Sie selbst?
— Nein, leider bin ich nicht dazu gekommen, mich um diesen Auftrag zu kümmern

Jetzt sind Sie an der Reihe!

Wer hat sich um das Problem gekümmert — Herr Müller?
— Nein, leider ist er nicht dazu gekommen, sich um das Problem zu kümmern

Wer hat sich um diesen Auftrag gekümmert — Sie selbst?
— Nein, leider bin ich nicht dazu gekommen, mich um diesen Auftrag zu kümmern

Wer hat sich um diese Bestellung gekümmert — Fräulein Schmidt?
— Nein, leider ist sie nicht dazu gekommen, sich um diese Bestellung zu kümmern

Wer hat sich um die Formulare gekümmert — Herr Müller und sein Assistent?
— Nein, leider sind sie nicht dazu gekommen, sich um die Formulare zu kümmern

Wer hat sich um die Kostenerfassung gekümmert — Sie selbst?
— Nein, leider bin ich nicht dazu gekommen, mich um die Kostenerfassung zu kümmern

Wer hat sich um diese Frage gekümmert — Sie selbst und Ihr Mitarbeiter?
— Nein, leider sind wir nicht dazu gekommen, uns um diese Frage zu kümmern

Wer hat sich um die Schreibmaschinen gekümmert — Fräulein Schmidt und ihre Kollegin?
— Nein, leider sind sie nicht dazu gekommen, sich um die Schreibmaschinen zu kümmern

„Wir haben gerade einen weiteren Auftrag bekommen" (2)

Beispiel:
Ist ein weiterer Auftrag zu erwarten?
— Wir haben gerade einen weiteren Auftrag bekommen
Jetzt sind Sie an der Reihe!
Ist ein weiterer Auftrag zu erwarten?
— Wir haben gerade einen weiteren Auftrag bekommen

Ist eine weitere Bestellung zu erwarten?
— Wir haben gerade eine weitere Bestellung bekommen

Ist ein weiteres Angebot zu erwarten?
— Wir haben gerade ein weiteres Angebot bekommen

Ist eine weitere Anfrage zu erwarten?
— Wir haben gerade eine weitere Anfrage bekommen

Ist ein weiterer Vorschlag zu erwarten?
— Wir haben gerade einen weiteren Vorschlag bekommen

Ist eine weitere Lieferung zu erwarten?
— Wir haben gerade eine weitere Lieferung bekommen

Ist ein weiterer Bericht zu erwarten?
— Wir haben gerade einen weiteren Bericht bekommen

„Wenn er überlastet ist, kann er das Projekt nicht bearbeiten" (3)

Beispiel:
Herr Müller möchte das Projekt gern bearbeiten, aber er hat zu viel andere Arbeit
— Wenn er überlastet ist, kann er das Projekt nicht bearbeiten
Jetzt sind Sie an der Reihe!
Herr Müller möchte das Projekt gern bearbeiten, aber er hat zu viel andere Arbeit
— Wenn er überlastet ist, kann er das Projekt nicht bearbeiten

Fräulein Schmidt möchte die Bestellung gern schreiben, aber sie hat zu viel andere Arbeit
— Wenn sie überlastet ist, kann sie die Bestellung nicht schreiben

Herr Müller und sein Assistent möchten den Auftrag gern abwickeln, aber sie haben zu viel andere Arbeit
— Wenn sie überlastet sind, können sie den Auftrag nicht abwickeln

Frau Wagner und ihre Kollegin möchten die Terminlisten gern überprüfen, aber sie haben zu viel andere Arbeit
— Wenn sie überlastet sind, können sie die Terminlisten nicht überprüfen

Die Firma Euro-Engineering möchte die Anlage gern bauen, aber sie hat zu viel andere Arbeit
— Wenn sie überlastet ist, kann sie die Anlage nicht bauen

Herr Sommer möchte die Systemanalyse gern selbst machen, aber er hat zu viel andere Arbeit
— Wenn er überlastet ist, kann er die Systemanalyse nicht selbst machen

Der Leiter der EDV-Abteilung möchte die Schulung gern selbst durchführen, aber er hat zu viel andere Arbeit
— Wenn er überlastet ist, kann er die Schulung nicht selbst durchführen

„Bei den heutigen Preisen muß scharf kalkuliert werden" (4)

Beispiel:
Die heutigen Preise erfordern scharfe Kalkulation
— Bei den heutigen Preisen muß scharf kalkuliert werden

Jetzt sind Sie an der Reihe!
Die heutigen Preise erfordern scharfe Kalkulation
— Bei den heutigen Preisen muß scharf kalkuliert werden

Die heutigen Lieferzeiten erfordern raschen Einkauf
— Bei den heutigen Lieferzeiten muß rasch eingekauft werden

Die heutigen Qualitätsbedingungen erfordern kritische Auswahl
— Bei den heutigen Qualitätsbedingungen muß kritisch ausgewählt werden

Achtung, es wird etwas komplizierter!
Beispiel:
Die derzeitige Personalsituation erfordert weitgehende Standardisierung der

50

Texte
– Bei der derzeitigen Personalsituation müssen die Texte weitgehend standardisiert werden

Jetzt sind Sie wieder an der Reihe!
Die derzeitige Personalsituation erfordert weitgehende Standardisierung der Texte
– Bei der derzeitigen Personalsituation müssen die Texte weitgehend standardisiert werden

Die kurze Lieferzeit erfordert schnelle Erteilung der Bestellungen
– Bei der kurzen Lieferzeit müssen die Bestellungen schnell erteilt werden

Die jetzige Auftragssituation erfordert maschinelles Schreiben der Bestellungen
– Bei der jetzigen Auftragssituation müssen die Bestellung maschinell geschrieben werden

„Ja, der Text wird bei uns geschrieben" (5)

Beispiel:
Schreiben Sie den Text?
– Ja, der Text wird bei uns geschrieben

Jetzt sind Sie an der Reihe!
Schreiben Sie den Text?
– Ja, der Text wird bei uns geschrieben

Überarbeiten Sie die Vorschrift?
– Ja, die Vorschrift wird bei uns überarbeitet

Halten Sie die Datei auf dem neuesten Stand?
– Ja, die Datei wird bei uns auf dem neuesten Stand gehalten

Achtung, es wird etwas schwieriger!

Beispiel:
Kontrollieren Sie die Kosten, oder tut das die Einkaufsabteilung?
– Die Kosten werden nicht bei uns, sondern in der Einkaufsabteilung kontrolliert

Jetzt sind Sie wieder an der Reihe!
Kontrollieren Sie die Kosten oder tut das die Einkaufsabteilung?
– Die Kosten werden nicht bei uns, sondern in der Einkaufsabteilung kontrolliert

Stellen Sie die Zahlungsbedingungen zusammen, oder tut das die Organisations-
abteilung?
– Die Zahlungsbedingungen werden nicht bei uns, sondern in der Organisa-
tionsabteilung zusammengestellt

Füllen Sie die Formulare aus, oder tut das die Abteilung Datenverarbeitung?
– Die Formulare werden nicht bei uns, sondern in der Abteilung Datenverarbeitung ausgefüllt

**„Sie müssen den Bedarf schnell decken, sonst überschreiten Sie die vertragliche
Lieferzeit" (6)**

Beispiel:
Wenn Sie den Bedarf nicht schnell decken, überschreiten Sie die vertragliche
Lieferzeit
– Sie müssen den Bedarf schnell decken, sonst überschreiten Sie die vertragli-
che Lieferzeit

Jetzt sind Sie an der Reihe!
Wenn Sie den Bedarf nicht schnell decken, überschreiten Sie die vertragliche
Lieferzeit
– Sie müssen den Bedarf schnell decken, sonst überschreiten Sie die vertragli-
che Lieferzeit

Wenn Sie nicht rasch anbieten, verlieren Sie den Auftrag
– Sie müssen rasch anbieten, sonst verlieren Sie den Auftrag

Wenn Sie nicht innerhalb von 30 Tagen zahlen, bekommen Sie keinen Skonto
– Sie müssen innerhalb von 30 Tagen zahlen, sonst bekommen Sie keinen
Skonto

Wenn Sie nicht rechtzeitig liefern, müssen Sie eine Konventionalstrafe zahlen
– Sie müssen rechtzeitig liefern, sonst müssen Sie eine Konventionalstrafe
zahlen

Wenn Sie die Kosten nicht systematisch erfassen, können Sie den Auftrag nicht
kontrollieren
– Sie müssen die Kosten systematisch erfassen, sonst können Sie den Auftrag
nicht kontrollieren

Wenn Sie nicht mehr Programmierer einsetzen, können Sie das Projekt nicht
realisieren
– Sie müssen mehr Programmierer einsetzen, sonst können Sie das Projekt

nicht realisieren

Wenn Sie Ihre Mitarbeiter nicht gründlich schulen, bekommen Sie Schwierigkeiten mit dem neuen System
— Sie müssen Ihre Mitarbeiter gründlich schulen, sonst bekommen Sie Schwierigkeiten mit dem neuen System

„Mit dem Problem der Finanzierung habe ich mich schon gründlich beschäftigt"
(7)

Beispiel:
Vergessen Sie nicht das Finanzierungsproblem!
— Mit dem Problem der Finanzierung habe ich mich schon gründlich beschäftigt

Jetzt sind Sie an der Reihe!
Vergessen Sie nicht das Finanzierungsproblem!
— Mit dem Problem der Finanzierung habe ich mich schon gründlich beschäftigt

Vergessen Sie nicht die Terminfrage!
— Mit der Frage des Termins habe ich mich schon gründlich beschäftigt

Vergessen Sie nicht das Vertragsproblem!
— Mit dem Problem des Vertrags habe ich mich schon gründlich beschäftigt

Vergessen Sie nicht die Schulungsfrage!
— Mit der Frage der Schulung habe ich mich schon gründlich beschäftigt

Vergessen Sie nicht das Einkaufsproblem!
— Mit dem Problem des Einkaufs habe ich mich schon gründlich beschäftigt

Vergessen Sie nicht die Kostenerfassungsfrage!
— Mit der Frage der Kostenerfassung habe ich mich schon gründlich beschäftigt

Vergessen Sie nicht das Inflationsproblem!
— Mit dem Problem der Inflation habe ich mich schon gründlich beschäftigt

4 C Fragen und Antworten (Tonband)

HÖREN Sie sich die Fragen an. SPRECHEN Sie in den Pausen, d.h. beantworten Sie die Fragen nach bestem Vermögen. Wiederholen Sie jeweils die anschließende Modellantwort des Sprechers. Auf dem Tonband folgen diese Fragen und Antworten den Vier-Phasen-Übungen 4 B.

4 D Fragen

LESEN Sie die Fragen. SCHREIBEN Sie Ihre Antworten auf. Die Modellantworten zum Vergleich finden Sie unter 4 E.

1. Arbeiten die fünf Schreibdamen in verschiedenen Abteilungen?

2. Wann können diese Damen die Arbeit aus einem Großauftrag normal bewältigen?

3. Warum kommt es auf rasche Erteilung der Bestellungen an?

4. Warum gibt es zur Zeit einen Lieferengpaß bei Rohren?

5. Was passiert, wenn die Firma Euro-Engineering vertragliche Termine überschreitet?

6. Geben Sie zwei oder drei Beispiele für Leistungen, die von der Einkaufsabteilung bestellt werden.

7. Wann kann Herr Sommer genau sagen, wie lange die Realisierung des EDV-Projekts dauern wird?

8. Was ist mit der Fusion gemeint?

9. Bei welcher Art von Geschäften werden nur geringe Anzahlungen geleistet?

10. Von welchem Fall mangelnder Zusammenarbeit spricht Herr Sommer?

11. Welche Standardtexte sind schon vorhanden?

12. Wie wird das Bildschirmterminal mit der zentralen EDV-Anlage verbunden?

13. Was versteht man unter Multi-Programming?

14. Zu welchem Zweck kann die Personalabteilung den Computer einsetzen?

15. Welche Unterlagen bekommt die Abteilung „Terminverfolgung" von der EDV?

4 E Modellantworten

1. Nein, sie arbeiten in einem zentralen Schreibbüro.
2. Erst nach ungefähr vier Monaten, wenn die Auftragsspitze abgebaut ist.
3. Wegen der steigenden Preise und der langen Lieferzeiten.
4. Weil überall Leitungen, zum Beispiel für Erdöl und Erdgas, verlegt werden.
5. Sie muß Konventionalstrafen zahlen.
6. Zum Beispiel Bauarbeiten, Planierung und Betonieren.
7. Nach Anschluß der Systemanalyse.
8. Die jetzige Gesellschaft ist aus der Zusammenlegung von zwei Gesellschaften entstanden.
9. Bei Finanzierungsgeschäften in diesem Bereich.
10. Von der mangelnden Zusammenarbeit zwischen Technikern und Kaufleuten.
11. Die technischen und kaufmännischen Beschäftigungsvorschriften.
12. Über eine Telefonleitung.
13. Es können mehrere Programme gleichzeitig nebeneinander bedient werden.
14. Sie kann Personaldaten abrufen.
15. Sie bekommt Terminlisten, die nach Datum und Lieferanten geordnet sind.

4 F Audio-Test (Tonband und Buch)

HÖREN Sie sich die Satzanfänge an, die Ihre Tonbandlehrer vorlesen, und
kreuzen Sie auf diesem Testbogen jeweils diejenigen Schlußfassungen der Sätze
an, die den Dialoginformationen entsprechen. Auf dem Tonband folgt dieser
Audio-Test den Modellantworten 4 E. Den Schlüssel zu diesem Test finden Sie
unter 4 G.

1

ob genügend Programmierkapazität vorhanden ist	O
welche Textstellen sich immer wiederholen	O
welche Dateien schon vorhanden sind	O
ob kaufmännische Hilfsarbeiten erforderlich sind	O

2

im Anfragestadium	O
ohne eindeutige Beschaffungsrichtlinien	O
bei Finanzierungsgeschäften	O
in den ersten Monaten nach der Auftragserteilung	O

3

Fertigungskapazität reserviert werden	O
die Abwicklung vereinfacht werden	O
die Fertigung standardisiert werden	O
eingekauft werden	O

4		5		6	
Wann werden die Bestellungen geschrieben?	O	die sämtliche technischen und kaufmännischen Bedingungen definiert	O	die nicht genügend Fertigungskapazität haben	O
Wer macht die Buchführung?	O	die das Sammeln von Daten ermöglicht	O	die in den technischen Büros weitgehend unbekannt sind	O
Wie wird der Bedarf ermittelt?	O	die alle Kalkulationspositionen erfaßt	O	deren Fabrikate sehr teuer sind	O
Was kostet die Realisierung des EDV-Projekts?	O	die die Rechte u. Pflichten der einzelnen Abteilungen definiert	O	die viel zu spät liefern	O

7		8		9	
auf vorhandene Standardtexte zurückgegriffen	O	in einer Kartei standardisiert	O	welcher Code zu verwenden ist	O
bestimmte Lieferanten ausgewählt	O	in einer Datei katalogisiert	O	nach welchen Kriterien kontrolliert wird	O
ein brauchbares Konzept entwickelt	O	durch die Bedienungskraft angekreuzt	O	bei welchen Lieferanten zu bestellen ist	O
den Bestellaufwand erweitert	O	am Bildschirmterminal verglichen	O	welche Risiken weiterzugeben sind	O

1. Für die Durchführung des Projekts muß die EDV-Abteilung unter anderem wissen, · · · (welche Textstellen sich immer wiederholen).

2. Solange das EDV-Projekt noch nicht realisiert ist, kann ein Großauftrag nicht mit dem jetzigen Personal bewältigt werden, zumindest nicht · · · (in den ersten Monaten nach der Auftragserteilung).

3. Damit alle Anlageteile für Großprojekte termingerecht beschafft werden können, muß bei bestimmten Lieferanten · · · (Fertigungskapazität reserviert werden).

4. In der Ist-Aufnahme hat die EDV-Abteilung unter anderem eine Antwort auf folgende Frage gesucht · · · (Wie wird der Bedarf ermittelt?)

5. Für die einwandfreie Abwicklung der Bestellungen wird eine Einkaufsordnung benötigt, · · · (die die Rechte und Pflichten der einzelnen Abteilungen definiert).

6. Auf Grund mangelnder Koordination schickt der Einkauf seine Anfragen manchmal auch an Firmen, · · · (die in den technischen Büros weitgehend unbekannt sind).

7. Bei dem Aufbau des neuen Systems hat die EDV-Abteilung, soweit das möglich war, · · · (auf vorhandene Standardtexte zurückgegriffen).

8. Nach dem neuen System wird jede Textversion unter einer bestimmten Nummer · · · (in einer Datei katalogisiert).

9. Die Damen am Terminal erhalten von den Sachbearbeitern bestimmte ausgefüllte Formulare, aus denen unter anderem hervorgeht, · · · (bei welchen Lieferanten zu bestellen ist).

4 H Zusammenfassung (Tonband)

HÖREN Sie sich die folgende Zusammenfassung der Dialoge 1 A, 2 A, 3 A an, und machen Sie sich dabei kurze Notizen wie bei einer Besprechung oder einem Kurzreferat. Versuchen Sie dann, anhand der Notizen den Inhalt der Zusammenfassung zu rekonstruieren.

SCHREIBEN Sie anschließend den Text nach Diktat vom Tonband, und korrigieren Sie schließlich etwaige Fehler durch Vergleichen mit 4 I.

4 I Zusammenfassung (Text)

Aufgrund der ständigen Überlastung ihres zentralen Schreibbüros durch die Abwicklung von Großaufträgen hat die Einkaufsabteilung Kontakt mit der Abteilung Organisation und Datenverarbeitung aufgenommen, um von dort Hilfe durch den Einsatz des Computers zu bekommen. Das entsprechende EDV-Projekt kann innerhalb eines Jahres realisiert werden. Ausgangspunkt der Projektarbeiten wird eine Systemanalyse sein. Für die Erstellung des Systems kann auf einige vorhandene Standardtexte zurückgegriffen werden, insbesondere auf die technischen und kaufmännischen Beschaffungsvorschriften. Außerdem hat die EDV-Gruppe einen Katalog von Fragen aufgestellt, die der Einkauf rasch beantworten muß. Für die gesamte Dauer der Projektarbeit wird Herr Müller vom Einkauf freigestellt. Er wird dem Rechenzentrum für alle erforderlichen Informationen und Rücksprachen zur Verfügung stehen. Die technische Durchführung der Bestellung über EDV erfolgt mit Hilfe eines Bildschirmterminals. Die Schreibdamen des Einkaufs werden als Bedienungskräfte besonders geschult. Die Einführung des neuen Bestellsystems ist mit einer ganzen Reihe weiterer Vorteile für den Einkauf verbunden. Von besonderer Wichtigkeit ist hierbei die vollständige Kostenerfassung für die Kostenkontrollberichte, ferner die Zusammenstellung von Terminlisten für die Gruppe „Terminverfolgung" und die Erstellung einer Bestellstatistik, die täglich ausgedruckt wird und somit ständig auf neuestem Stand ist.

4 J Arbeitstexte

LESEN Sie diese Texte. Schlagen Sie unbekannte Wörter möglichst in einem
einsprachigen Lexikon nach.

Auszüge aus einem Schulungsvortrag für neue Mitarbeiter der Einkaufsabteilung
der Firma Euro-Engineering.

Einsatz der Datenverarbeitung im Bestellwesen

1. Allgemeiner Überblick

Früher wurden sämtliche Bestellungen in den technischen Büros und in der Einkaufsabteilung auf Bestellformularen mit der Schreibmaschine geschrieben.

Vor zwei Jahren wurde auf Veranlassung der Geschäftsführung die Möglichkeit
geprüft, die Bestellschreibung durch den Einsatz der Datenverarbeitung zu ra-
tionalisieren.

Folgende Gründe waren dafür maßgebend:
— Aufgrund der guten Geschäftslage mit sehr voluminösen Aufträgen auf dem
  Gebiet der Petrochemie waren die Schreibbüros der einzelnen Fachabteilun-
  gen, die die Abwicklung durchführen, hoffnungslos überlastet.
— Die Beschaffung von Schreibkräften auf dem Frankfurter Arbeitsmarkt ge-
  staltete sich äußerst schwierig, da durch Neuansiedlung verschiedener Dienst-
  leistungsbetriebe, wie Banken, Versicherungen usw. der Arbeitsmarkt nicht
  die Kräfte hergab, die benötigt wurden.
— Selbst das vom Einkauf geschaffene „Zentrale Bestellschreibbüro" mußte
  vor der Papierflut kapitulieren.
— Die Abteilung Kostenerfassung konnte nur unter größten Schwierigkeiten
  das umfangreiche Zahlenmaterial verarbeiten und die Kostenkontrollberichte zu den geforderten Terminen bereitstellen.

Um den Schreibdienst wenigstens teilweise zu entlasten, wurde vom Einkauf
eine kaufmännische Beschaffungsvorschrift (KBV) entwickelt und eingeführt.

Diese Sammlung immer wieder vorkommender kaufmännischer Texte wurde
bei Auftragsverhandlungen in der Weise benutzt, daß die jeweils zutreffenden
Bedingungen angekreuzt und als Bestandteil der Bestellung dem Lieferanten
übermittelt wurden. Die KBV brachte somit einen ersten Rationalisierungsef-
fekt. Gleichzeitig wurde in Zusammenarbeit mit der Abteilung Organisation

62

und Datenverarbeitung ein Bestellschreibsystem konzipiert, das den Einsatz der EDV vorsah. Dieses Abwicklungssystem wurde im Herbst letzten Jahres fertiggestellt.

2. Bestellschreibung mittels Datenfernverarbeitung

Ab Herbst letzten Jahres wurden alle Bestellungen für neue Aufträge über ein Terminal ausgeschrieben. Der Auftragsumfang belief sich auf ca. DM 200 Millionen.

3. Derzeitige Bestellabwicklung über Terminal

Eingabe

Für die Bestellschreibung über Terminal wurde eine ständige Verbindung der Einkaufsabteilung mit der EDV-Anlage über eine Fernsprechleitung geschaffen. Aus den technischen Unterlagen (Technische Beschaffungsvorschriften, Zeichnungen usw.) und der KBV werden die vom System geforderten Daten in streng formatisierten Einschreibeplänen eingetragen.

Beim Schreiben der Bestellung über Terminal werden verschiedene für die Bestellung erforderliche Daten, wie Lieferantenanschrift, Preisstellung, Zahlungsbedingungen, Name und Telefonnummer der Mitarbeiter usw., über Schlüsselnummern abgerufen.

Während der Bestellschreibung werden bestimmte Rechenoperationen durchgeführt und gleichzeitig per Programm Prüfungen veranlaßt, so daß fehlerhafte Daten sofort korrigiert und fehlende Daten ergänzt werden können. Außerdem werden aus der Bestellschreibung verschiedene Daten für die Kostenerfassung gewonnen.

Ausgabe

Die Bestellungen werden über einen Drucker beim Terminal auf unbedrucktem Endlos-Papier im Querformat DIN A 4 vollständig ausgegeben. Das Bestellbild wird auf fotomechanischem Wege vervollständigt.

Niederlassungsleiter

EDV-Terminals

Wir gehören zu einer bedeutenden europäischen Unternehmensgruppe. Unsere deutsche Niederlassung mit Sitz in Frankfurt/Main vertritt das Programm unserer wachstumsstärksten Sparte: Anlagen der Datenerfassung und Datenfernverarbeitung, die – wie der Verlauf der Hannover-Messe zeigt – auf dem deutschen Markt erfolgreich eingeführt sind. Der Niederlassungsleiter wird im Rahmen des vereinbarten Budgets die Geschäfte in der BRD selbständig führen. Neben dem weiteren Ausbau der regional orientierten Vertriebs- und Serviceorganisation wird die Stimulierung der Verkäufe durch Kontakte auf hoher Ebene und die Neueinführung von Produkten zu seinen ersten Aufgaben gehören.

Der ideale Bewerber für diese unternehmerische Aufgabe wird – im Alter von etwa 35 bis 40 Jahren – seine hervorragende Management-Qualifikation in einer erfolgreichen Vertriebs- und Marketingorganisation auf dem EDV-Gebiet unter Beweis gestellt haben. Eine qualifizierte Ausbildung und gute EDV-System-Kenntnisse, möglichst auch der Datenfernverarbeitung, setzen wir voraus. Initiative, Zuverlässigkeit und die ausgesprochene Fähigkeit, hoch qualifizierte Mitarbeiter begeisternd und ergebnisorientiert zu führen, werden ihn persönlich auszeichnen. Gute englische und möglichst auch französische Sprachkenntnisse sind notwendig.

Die Dotierung und die sonstigen Vertragsbedingungen werden auch dem hervorragenden Bewerber einen Anreiz bieten. Wir brauchen einen Mann, der seine Fähigkeiten und Erfahrungen voll einsetzt und sind gern bereit, ihm entsprechende Entfaltungs- und Entwicklungsmöglichkeiten zu bieten. Bitte richten Sie Ihre kurze aber aussagekräftige Bewerbung, die selbstverständlich vertraulich behandelt wird, unter FMF460 an die mit der engeren Auswahl beauftragte

PA MANAGEMENT CONSULTANTS GMBH · 6 FRANKFURT 1 · BETTINASTR. 62
ABT. PERSONALBERATUNG · TEL. (0611) 74 04 91

Düsseldorf · Frankfurt · Hamburg · Stuttgart · München

Westeuropa · Nordamerika · Ostasien · Australien

EDV—Organisator

40 J., **sucht Position als Leiter der Abteilung oder der Gruppe Organisation – EDV.**

Berufserfahrung gesammelt in der Mittel- und Großindustrie – kfm. und techn. Organisation unter Einsatz der EDV – Leitung von Teams und Projekten. Ist-Einkommen DM 52 000,– p.a.

ZAV 12.20–15/709   6 Frankfurt 1, Feuerbachstr. 42

Als
Programmierer

können Sie bei uns zunächst mit dem selbständigen Erstellen, Texten und Dokumentieren von Programmen mittleren Schwierigkeitsgrades beginnen. Mit zunehmender Einarbeitung werden Ihre Aufgaben wachsen – und Sie mit ihnen.
Was Sie dazu brauchen, ist schnell gesagt: eine mindestens 2jährige kommerzielle Programmiererfahrung in einer höheren Programmiersprache (COBOL), Kenntnisse des OS-Betriebssystems und die Aufgeschlossenheit gegenüber neuen Problemen.
Wir arbeiten mit einer IBM-Anlage 360/50 (512 K) im OS/MFT. Demnächst beginnen wir mit TP-Anwendungen unter Einsatz von Bildschirmen. Kenntnisse in CICS wären daher von Vorteil.
Ein krisenfester Arbeitsplatz, günstige berufliche Entwicklungsmöglichkeiten und ein leistungsgerechter finanzieller Rahmen werden weitere wesentliche Bestandteile Ihres neuen Wirkungskreises sein. Wenn Sie in unserem aufgeschlossenen EDV-Team mitarbeiten wollen, bitten wir um Ihre Bewerbung (tabellarischer Lebenslauf, lückenlose Darstellung Ihres beruflichen Werdeganges, Zeugnisse). Sie hören sofort von uns.
Boehringer Mannheim GmbH – Bereich Personal
6800 Mannheim 31 – Postfach 51

EDV-Fachmann in leitender Stellung

40 Jahre, Erfahrung in Leitung eines Großrechenzentrums, gegenwärtig verantwortlich für Analyse und Programmierung kommerzieller und technisch-wissenschaftlicher Abläufe, Standardisierung und Hardwareplanung, vertraut mit der Anwendung moderner Führungsmethodik und Planungstechniken, fließende Englischkenntnisse,

sucht erweiterten Aufgabenkreis in leitender Stellung im Bereich Organisation und Datenverarbeitung. Zuschriften unter RK 324909 an die Frankfurter Allgemeine, 6 Ffm. 1, Postf. 2901.

Rüdiger Renner/Rudolf Sachs

Wirtschaftssprache Englisch/Deutsch · Deutsch/Englisch

Systematische Terminologie und alphabetisches Wörterbuch mit Übersetzungsübungen

3., völlig neu bearbeitete Auflage, 543 Seiten, Linson, Hueber-Nr. 6201

Schlüssel zu den Übersetzungsübungen, Hueber-Nr. 2.6201

Günther Haensch/Rüdiger Renner

Wirtschaftssprache Französisch/Deutsch · Deutsch/Französisch

Systematischer Wortschatz mit Übersetzungsübungen und alphabetischen Re-
gistern

4., völlig neu bearbeitete und erweiterte Auflage, 539 Seiten, Linson, Hueber-Nr.
6202

Günther Haensch/Francisco López Casero

Wirtschaftssprache Spanisch/Deutsch · Deutsch/Spanisch

Systematischer Wortschatz mit Übersetzungsübungen und alphabetischen Re-
gistern

2., völlig neu bearbeitete und erweiterte Auflage, 483 Seiten, Linson, Hueber-Nr.
6203

Nikolai Grischin/Günther Haensch/Rüdiger Renner

Wirtschaftssprache Russisch/Deutsch · Deutsch/Russisch

Systematischer Wortschatz mit Übersetzungsübungen und alphabetischem Wörterbuch

480 Seiten, Linson, Hueber-Nr. 6207

Jedem Sachkapitel mit dem entsprechenden Wortschatz und der Phraseologie
schließen sich deutsch- und fremdsprachige Übersetzungsübungen an. Die Bände
eignen sich für Studenten der Wirtschaftswissenschaft, Außenhandelskaufleute
und Fachübersetzer.

 Max Hueber Verlag